Klingeling · Originalausgabe · © Carlsen Verlag GmbH, Hamburg 2018 · Illustration und Text: Gunther Jakobs · Lektorat: Renate Herre · Herstellung: Bettina Oguamanam · ISBN: 978-3-551-51850-7 · Carlsen-Newsletter · Tolle neue Lesetipps kostenlos per E-Mail · www.carlsen.de · Carlsen-Bücher gibt es überall im Buchhandel und auf carlsen.de

MIX
Papier aus verantwortungsvollen Quellen
FSC® C002795

Günther Jakobs

Klingeling

Fahrradfahren ist entenleicht

CARLSEN

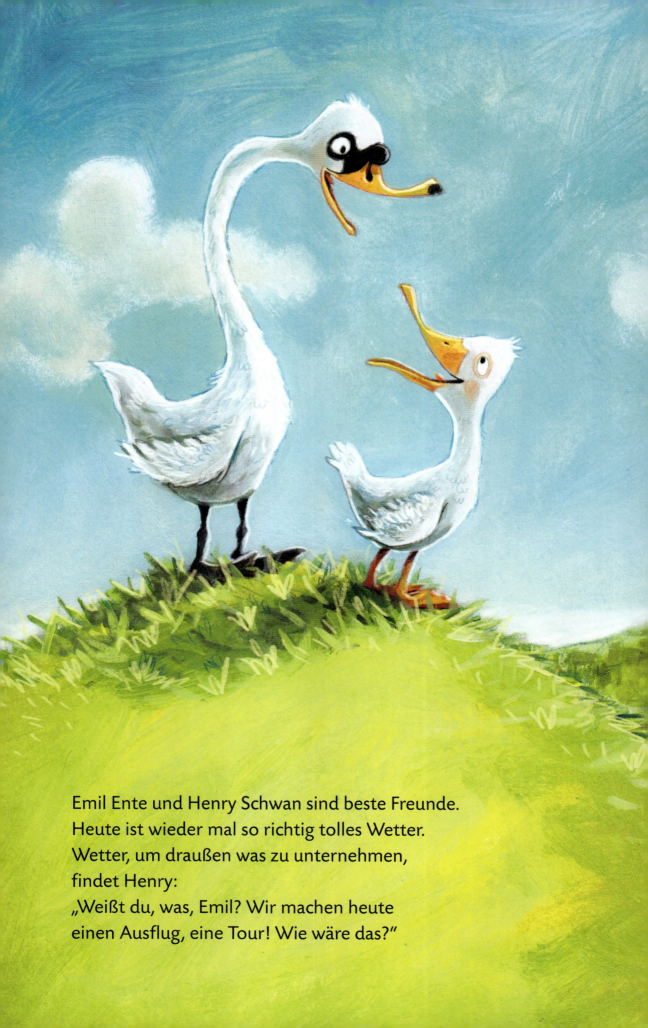

Emil Ente und Henry Schwan sind beste Freunde.
Heute ist wieder mal so richtig tolles Wetter.
Wetter, um draußen was zu unternehmen,
findet Henry:
„Weißt du, was, Emil? Wir machen heute
einen Ausflug, eine Tour! Wie wäre das?"

„Au ja!", ruft Emil, läuft zum Auto, öffnet die Tür und klettert hinein.
Henry stutzt: „Ich dachte eher an eine Fahrradtour."
„Auch gut", sagt Emil schulterzuckend und hüpft aus dem Auto in den Fahrradanhänger.
Henry seufzt: „Na ja, eigentlich hätte ich gerne, dass du selbst Fahrrad fährst."
„Hä?" Emil versteht gar nichts mehr.
„Aber ich kann doch gar nicht Fahrrad fahren. Außerdem habe ich kein eigenes Fahrrad!"

„Jahahaaa! Das ist meine kleine Überraschung für dich."
Henry strahlt. „Ich habe dir ein ententolles Fahrrad besorgt!
Perfekt für deine Größe.

TATATAAA!

Und das Fahrradfahren lernst du einfach noch kurz vorher,
also jetzt sofort."
„Das kann ich aber nicht", entgegnet Emil trotzig.
„Schnabbeldiplapp! Natürlich kannst du das.
Das ist überhaupt kein Problem.
Draufsetzen. Pedale treten. Fahren. Gaaanz einfach!"
Emil guckt skeptisch: „Ganz einfach? Einfach so?"
Henry nickt eifrig.

Zögernd steigt Emil auf sein neues Fahrrad,

legt die Entenfüße auf die Pedale und ...

fällt samt Fahrrad um.

„Du hast gesagt, es ist ganz einfach!", heult Emil.
„Na ja, vielleicht doch nicht so einfach", murmelt Henry.
Er überlegt und überlegt und ruft ganz plötzlich:
„Idee, Idee! Ich hab eine Idee!" Aber die verrät er noch nicht.
„Morgen soll das Wetter doch auch noch schön werden.
Wir üben morgen weiter und dann probieren wir was anderes."

Emil ist erleichtert.
In der Nacht träumt er vom Fahrradfahren.
Nass geschwitzt wacht Emil auf.
Und tatsächlich, das Wetter scheint wieder
schön zu werden.

Als Emil aufsteht und nach draußen kommt, saust Henry schon auf einem Fahrrad ohne Pedale über den Hof.
„Was ist das?", ruft Emil verwundert. „Wieso hast du bei dem Fahrrad die Pedale abmontiert?"
„Das ist kein Fahrrad. Das ist ein Laufrad", antwortet Henry. „Das habe ich extra für dich besorgt."

Neugierig setzt sich Emil auf das Laufrad und fängt an, sich mit den Beinen abzustoßen.
Und tatsächlich, es funktioniert. Mit dem Laufrad kommt Emil gut voran. Er kann gut das Gleichgewicht halten und rollt schneller und schneller.
„Na also", jubelt Henry, „klappt doch! Das versuchen wir jetzt noch mal mit dem Fahrrad!"
Doch das war das falsche Wort …

„Nein, nicht das Fahrrad! **Buhuuuh, bähää!** Ich will nicht mehr mit dem Fahrrad fahren!", schluchzt Emil.
Da muss ihn Henry wieder trösten. Er legt den Arm um Emils Schulter.
„Ach, sei keine Stockente! Du musst es einfach noch mal probieren!"
„Nein!!!"
„**Schnabbeldiplapp!** Jetzt reichts aber mit dem Geheule!" Henry hat langsam genug davon: „Du steigst jetzt aufs Fahrrad, und damit Schluss mit diesem Entengezeter!"
Jetzt heult Emil erst recht: „**Buhuuuh!** Dann will ich gar nicht mehr! Auch keinen Ausflug! **Buhuuuh!**"
Henry wird jetzt richtig wütend und ganz rot im Gesicht. Langsam beruhigt er sich dann doch wieder.

„Na gut, na gut! Du hast ja recht.
Du musst ja gar nicht alleine fahren.
Ich laufe einfach neben dir her und halte dich.
So kann gar nix passieren!"

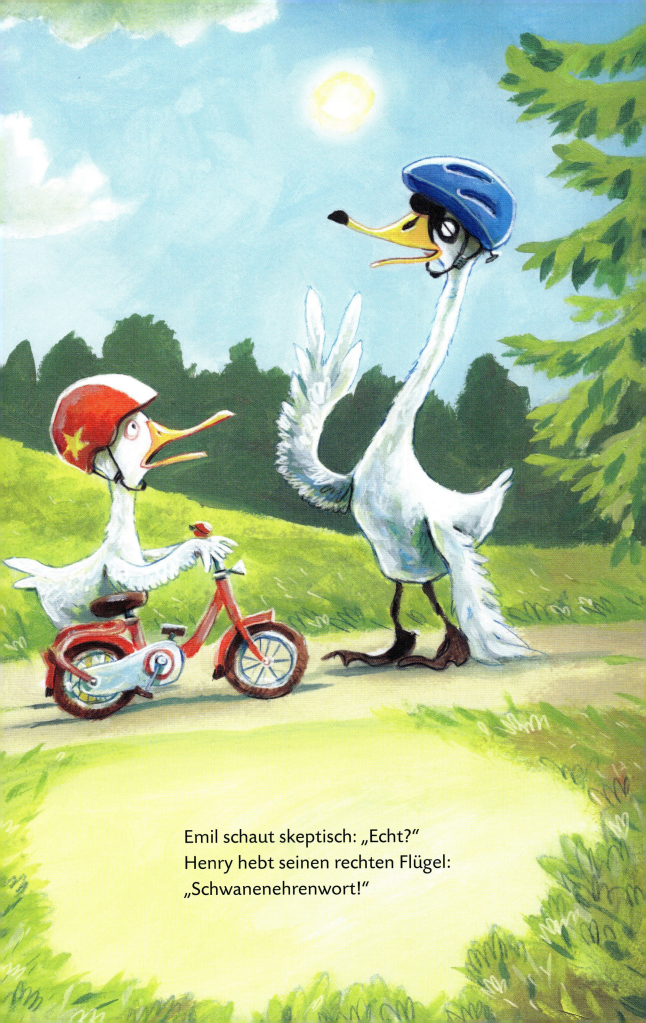

Emil schaut skeptisch: „Echt?"
Henry hebt seinen rechten Flügel:
„Schwanenehrenwort!"

Abgemacht. Henry läuft nebenher und es klappt richtig gut.
Doch, oh nein, Henry stolpert

flatsch

und landet der Länge nach auf dem Boden.

Doch was ist das? Emil hat davon gar nichts mitbekommen. Er fährt einfach weiter und es klappt und er fährt

ganz alleeeine!

„Super, Emil", Henry rafft sich wieder auf und klopft sich den Dreck aus den Flügeln, „jetzt können wir ja endlich unseren Ausflug machen."

Aber davon hört Emil nichts mehr.
Denn er ist schon kaum mehr einzuholen,
klingelt wie verrückt und jubelt:

„Ich kanns": Klingeling

„Ich kann Fahrrad fahren!" Klingeling

„Das ist doch" Klingeling

„absolut" Klingeling

„super!" Klingeling
Klingeling

„Na toll", seufzt Henry leise,
„das wird ja eine super Fahrradtour!"